GIULIANO DE MARINIS

IL CANE DI MATELICA

SUGGESTIONI OMERICHE A MATELICA: IL SACRIFICIO FUNEBRE DEI CANI NELLA TOMBA 182 DI CROCIFISSO

GIULIANO DE MARINIS

Il cane di Matelica

Progetto grafico:
«L'ERMA» di BRETSCHNEIDER

© Copyright 2009 «L'ERMA» di BRETSCHNEIDER
Via Cassiodoro, 19 - 00193 Roma
http://www.lerma.it

In copertina:
Un'immagine evocativa del rito sepolcrale eseguita da Alessandro Mangione

De Marinis, Giuliano

Il cane di Matelica : suggestioni omeriche a Matelica : il sacrificio funebre dei cani nella Tomba 182 di Crocifisso / Giuliano
De Marinis. - Roma : «L'ERMA» di BRETSCHNEIDER, 2009.
– 16 p. : ill. ; 24 cm

ISBN 978-88-8265-509-9

CDD 21.   937.4

1. Matelica – Zona archeologica - Tomba 182

MINISTERO PER I BENI
E LE ATTIVITÀ CULTURALI

" *Sulla pira gettò quattro corsieri*
d'alta cervice, e due smembrati cani
di nove che del sir nudrìa la mensa … "

Omero, *Iliade*
(Traduz. V. MONTI, Libro XXIII, vv. 230 sgg.)

È innegabile, per quanti abbiano una qualche reminiscenza, anche solo scolastica, del mito omerico, un rimando, seppur nelle debite proporzioni, ed in modalità alquanto diverse, tra il rito funebre della tomba "principesca" matelicese citata nel titolo (fig. 1) ed i funerali di Patroclo. Se due sono, anche in questo caso, i cani, non compaiono con sacrificio fisico i cavalli, ma al loro posto vi sono due carri, uno da guerra ed uno da trasporto, e la ricchissima panoplia, ove si trovano armi di probabile diretta importazione peloponnesiaca, mentre altri oggetti rimandano più o meno direttamente al mondo greco*.

La problematica generale di questi rapporti è stata ampiamente affrontata nel volume citato [1], e non vi torneremo in questa sede, volendo qui, invece, approfondire la tematica del sacrificio funebre di cani in quest'ambito cronologico-culturale .

Sepolture rituali di cani, sia in relazione a tombe, sia in altre casistiche, sono abbastanza numerose e documentate archeologicamente, almeno dal Neolitico fino all'Alto Medioevo, e mostrano, a modo di vedere di chi scrive, un rapporto particolare dell'uomo con questo animale , al di là del suo valore venale e "di rango" che anche altre bestie (per es. il cavallo) essi potevano rappresentare [2].

In tale ampio panorama, però, non molti compaiono i reperti esaminati analiticamente come tali, e dovremo perciò limitarci al confronto con essi, dando, ovviamente, la preferenza a quelli più vicini, dal punto di vista cronologico-culturale, agli esemplari di Matelica.

Ma, a ciò, andrà opportunamente preposto, seppur in forma estremamente sintetica, il quadro generalmente noto dei cani nell'antichità "classica", così come ci viene attestato dall'iconografia su ogni tipo di materiali.

Almeno dall'Orientalizzante, passando per l'Arcaismo, il periodo classico e quello ellenistico, e tutta l'età romana, il "cane tipo" (lo chiameremo

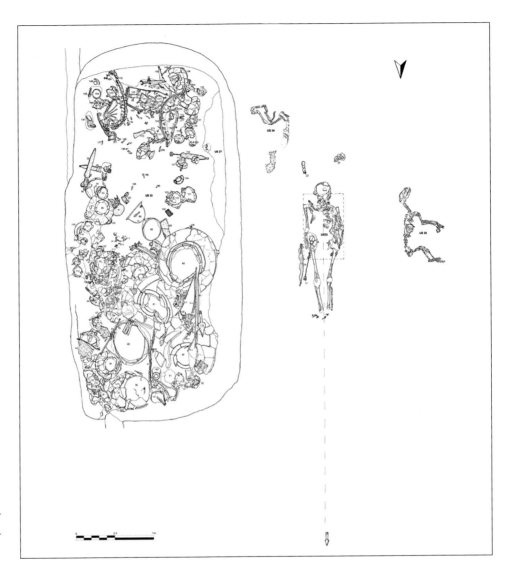

Fig. 1. Planimetria della tomba 182 di Crocifisso a Matelica.

così), da caccia, ma non solo - vedi il celeberrimo *"cave canem"* di Pompei - l'aspetto più diffuso (cerco di evitare il termine, ormai desueto per gli uomini, di "razza", ancor meno sensato per i cani) è quello di una bestia di taglia media, snello, con arti lunghi, pelo corto o raso, coda lunga, cranio allungato, ventre retratto ed orecchi eretti, che sembra d'altronde perpetuare la primigenia origine lupino-sciacalloide dei cani mediterranei, con caratteristiche "levrieroidi", derivati forse in parte dal prototipo, in qualche modo, seppur idealizzato, del "cane.sciacallo" divinizzato in Egitto come Anubis.

Questa tipologia, come si è detto, compare dalle figurazioni orientalizzanti greche ed etrusche, passando per le ceramica attiche e corinzie più e meno recenti, le sculture, fino all'Ellenismo e, in generale, perdurando anche nell'iconografia romana, in tutte le sue forme (fig. 2). Compaiono in realtà, in figurazioni ellenistiche di ceramiche magno-greche, anche esemplari "anomali", tipo "bassotti", che non sappiamo però quanto reali o frutto di fantasia.

Fig. 2. Immagine di "cane tipo" arcaico (anfora attica a figure nere da Tarquinia, Museo Nazionale di Villa Giulia a Roma).

E' invece un dato di fatto che a partire dell'Ellenismo, e soprattutto poi nel mondo romano, se meno numerose sono le immagini, almeno nei repertori più comuni, i testi degli autori antichi ci testimoniano con sicurezza l'ormai affermata presenza di alcune differenziazioni di cani (non sappiamo quanto per selezione "naturale" o pilotata dell'uomo), le principali delle quali sono quello da pastore e quello da guardia e/o combattimento .

Il primo, ampiamente descritto da Varrone e Columella, doveva essere un animale massiccio, di grossa taglia, capace di competere con i lupi, suoi naturali nemici, con pelo lungo, preferibilmente chiaro o bianco, in modo da essere facilmente riconoscibile da essi nelle zuffe, forse in parte progenitore del pastore maremmano-abruzzese di oggi [3].

Il secondo si origina quasi con certezza dal cosiddetto "molosso dell' Epiro" (discendente a sua volta, con ogni probabilità, da cani "orientali"), presto adottato dai Romani per funzioni di guardia casalinga, ma anche di combattimento nelle arene, nonché in battaglia, ove pare che alcune tribù barbariche, non conoscendolo, ne avessero un autentico terrore.

Ma, tornando al nostro animale di Matelica, osserviamo in primo luogo le modalità di deposizione. Esso giaceva sul suo fianco destro, a breve

7

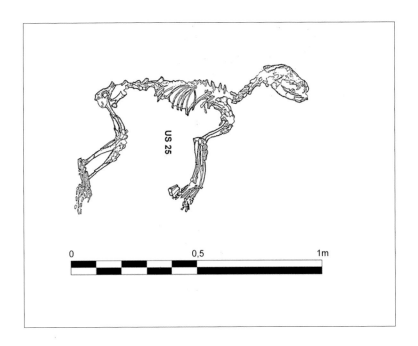

US 25

0   0,5   1m

Fig. 3. Particolare del rilievo del primo cane.

distanza dal defunto, cui quindi volgeva le spalle, disteso, con le zampe appena retratte in una posizione, si direbbe quasi, di riposo (figg. 3 e 4 a-b); abbiamo parlato finora di un solo cane, ma in realtà ne era presente un altro, in posizione simmetrica e contrapposta, del quale però, purtroppo, restano solo i resti scomposti di parte degli arti posteriori, bastanti però a definirne la posizione (figg. 5 e 6). Mentre il primo si trovava pressoché parallelo alla parte principale del corpo del defunto, questo si trovava apparentemente più in alto, all'altezza originaria della parte superiore del corpo dell'uomo. Non crediamo che tale disposizione dei due animali sia casuale: a differenza, infatti, di altri casi citati in bibliografia, nei quali gli animali appaiono rannicchiati od accucciati presso il padrone, sembra qui configurarsi una posizione di difesa verso l'esterno rispetto ad esso, in quella che oggi si definirebbe una postura "in sosta protetta".

Come si è detto, del secondo animale restano poche ossa degli arti posteriori, asportato evidentemente il resto dai lavori agricoli; lo scheletro del primo risulta, invece, relativamente integro, benché lo schiacciamento del terreno ne limiti fortemente un esame tassonomico completo, anche perché, data l'estrema fragilità dei resti, si è optato per uno "stacco" con gomma siliconica, lasciando lo scheletro nel pane di terra che lo conteneva, anche ai fini della successiva destinazione espositiva (del prelievo è stata comunque eseguita un'accurata documentazione RX presso il nostro Laboratorio di Restauro, consultabile presso di esso).

Rimandando in appendice (vedi *infra*), per non appesantire il testo per i non specialisti del settore, le tavole biometriche, si possono comunque già osservare alcuni particolari non secondari, ossia l'assenza dell'osso penico e delle vertebre caudali, ad eccezione, forse, di frammenti della prima.

a

Fig. 4 a-b. Foto dello
stesso esemplare.

b

9

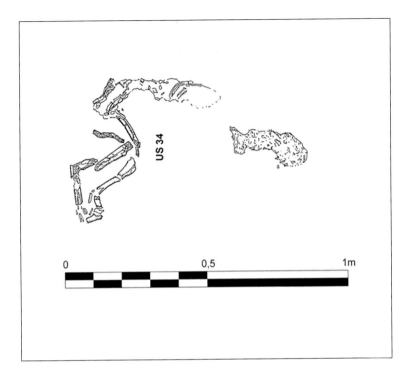

US 34

0   0,5   1m

Fig. 5. Particolare del rilievo dei resti del secondo cane.

Dato lo stato generale di conservazione dell'insieme di queste parti dello scheletro, non crediamo che tali mancanze siano dovute a vicende di giacitura; per la mancanza della coda, si può pensare ad un'amputazione intenzionale (ma ciò appare poco probabile nell'ambito delle fonti e delle iconografie), oppure accidentale (incidente di caccia?); l'assenza dell'osso penico si potrebbe invece motivare con una giovane età del cane (con tale attributo ancora cartilagineo e non ossificato), ma l'insieme dello scheletro, e soprattutto delle ossa del cranio e della conformazione della dentatura, sembrano indicare un'età almeno superiore ad un anno; altra possibile spiegazione, forse più plausibile, è che si tratti di un individuo di sesso femminile, dato cui forse potrebbero far propendere le generali caratteristiche di "leggerezza" dell'animale in esame.

In attesa, intanto, di confrontare i dati relativi al nostro cane con quelli citati in bibliografia meglio esaminati, ed in particolare i più vicini per ambito cronologico-culturale, possiamo dire fin d'ora che si tratta di un'esemplare di taglia media (h. al garrese 0.52-0.56), snello, con arti e falangi podaliche assai allungate, ventre molto retratto e cranio snello, piccolo e andamento quasi conico, ma con mascella e mandibola possenti in relazione alle dimensioni craniche generali.

A parte gli aspetti non inferibili dai resti ossei, esso evoca effettivamente l'immagine di un cane simile alle cosiddette "razze arcaiche" (così classificate oggi) di tipo "lupino-levrieroide, simile al Cirneco dell'Etna e/o al Cane dei Faraoni (figg. 7 e 8) o, più semplicemente anche al Dingo australiano, tuttora allo stato semi-selvatico, ma ciò porterebbe troppo fuori alla nostra problematica, essendo tale "razza" importata dall'Europa in epoca recente.

Per completezza dell'esame, però, sarà opportuno prendere in esame altri esempi di cani antichi meglio esaminati, tra quelli precedentemente citati: come si evince dalla bibliografia citata [4].

Fig. 6. Foto dei resti del secondo cane.

Sacrifici rituali di cani appaiono diffusi in un ampio panorama geografico e cronologico nell'Italia continentale: esamineremo qui, brevemente, quelli più vicini, dal punto di vista cronologico -culturale, all'esemplare di Matelica.

Va subito detto che i casi di sacrifici rituali strettamente legati a sepolture, in ambito orientalizzante-arcaico, non sono molti. In Etruria, a Sesto Fiorentino (FI) un cane, sacrificato e deposto insieme ad un bovino, si è rinvenuto in loc. Madonna del Piano, nelle immediate vicinanze di un gruppo di pozzetti tardo-villanoviani (fine VIII sec. a.C.), in parte pressoché tangenti tra loro, il che fa pensare ad un'offerta ad un gruppo familiare, piuttosto che ad un singolo defunto [5]; l'esame biometrico e tassonomico parla di un animale di taglia modesta ma ben proporzionata, di un'età stimabile intorno ai 4/5 anni, con un'altezza al garrese di m.0.48-0.50 circa.

Un altro caso notevole risulta quello di una tomba a fossa del Salerni-

Fig. 7. Immagine dell'attuale Cirneco dell'Etna (da PugNetti 1980, immagine di M. Napoli, p. 178).

tano, in loc. Porta di Ferri a San Cipriano Picentino, databile tra la metà e la fine dell'VIII sec. a.C. [6]; l'animale si accompagna ad una sepoltura femminile, cospicua ma non particolarmente ricca; lo scheletro era integro solo nella arte anteriore, ma i dati biometrici citati affermano che si tratta di un esemplare adulto, di altezza al garrese di m.0.58-0.59 circa; appariva coricato sul fianco destro, e sembra presentasse tracce evidenti di un colpo inferto al cranio. Sono sottolineate, nel contributo citato, alcune caratteristiche del cranio tra "lupino " e "molossoide", con paragoni con tipologie riferite a diversi tipi di cani attuali che sembrano, come in altri casi citati in bibliografia, abbastanza fuor di luogo, considerando l'impressionante differenziazione, creata nei secoli, se non nei millenni , dall'uomo, fenomeno pressoché unico tra le specie domestiche oggetto delle attenzioni antropiche.

Sempre nell'ambito cronologico-culturale e geografico che più ci interessa, sono da citare altri due notevoli casi.

Il primo, di precedente ritrovamento, ma pubblicato in modo organico nel 1980, è il ben noto "cane di Pyrgi" [7] : il suo studio, estremamente accurato ma in parte inficiato dal fatto che lo scheletro, trovandosi come offerta rituale in una *favissa*, non doveva essere in totale connessione anatomica, mostra comunque un individuo adulto (un anno circa), di taglia media (h. al garrese m.0.56 circa) e corporatura snella; abbondano nell'edizione i soliti generici paragoni con "razze" attuali , ma con espliciti riferimenti a tipologie "levrieroidi".

Altro rinvenimento, assai più recente, è quello effettuato nell'area perimetrale di *Fidenae* [8] , (anch'esso però non legato ad un sacrificio funebre, ma bensì ad un rito di fondazione di una struttura dell'Età del Ferro di XI-VIII sec. a.C.): scheletro originariamente integro, anche se ampiamente disturbato, sembra riferibile ad un individuo di sesso femminile, con altezza presumibile intorno ai m.0.56-0.57).

12

A completezza di un'informazione generale sui casi meglio studiati biometricamente, non si possono non citare i cani della necropoli longobarda di Povegliano (VR) [9] (non foss'altro perché essi rimandano più di altri –pur nella differentissima cronologia- ai rituali omerici: i due principali risultano infatti deposti in un'apposita fossa insieme ad un cavallo decapitato, nelle vicinanze, seppur non in sicura connessione, con una singola sepoltura umana. Entrambi adulti, forse uno maschio e l'altro femmina, risultano vicini per certi aspetti con le tipologie di animali sopra citati, ma pù alti (h.0.63-0.64 al garrese) e più massicci, che li avvicinano ad esemplari riscontrati in alto-veneta e balcanica: ciò che conferma quanto sopra ipotizzato, di una precoce differenziazione di tipologie canine ad opera dell'uomo (in questo caso, probabile ibridazione con cani molossoidi di origine orientale).

Fig. 8. Immagine dell'attuale "Cane dei Faraoni" (*Ibidem*, p. 304).

Come si vede dai pochi ma significativi esempi citati (ma anche da altri non presi singolarmente in esame), il range dei cani di età compresa tra la tarda Età del Ferro e l'Arcaismo appare sostanzialmente costante dal punto di vista biometrico e tassonomico (non potendo evidentemente entrare in merito agli aspetti esteriori deperibili), ciò che sembra confermare quanto da noi affermato all'inizio di questo contributo, ossia di una prevalenza di esemplari "multiuso" a seconda dell'addestramento, con una probabile particolare attitudine per la caccia, il che rafforzava evidentemente il rango, ed anche il valore venale, del possessore, specie quando associati a cavalli o comunque ad attrezzature venatoria. Senza particolari forzature, un possibile raffronto sembra porsi concettualmente con il Medioevo e dopo, quando cani (specie da caccia) e cavalli erano tra i distintivi particolari della classe aristocratica.

Tale aspetto sembra spiccare per la tomba matelicese, forse con qualcosa in più. L'animale sacrificato (almeno quello ben riconoscibile) non è certo uno scarto della muta (come ad esempio, duole dirlo, per le mule della tomba "della Regina" di Sirolo [10] vecchie e sdentate e quindi non certo le conduttrici vere e reali dei carri), ma un individuo giovane, nel pieno del suo vigore, forse ancora "cucciolone", il che porta a pensare, forse con eccessiva suggestione, ad un legame affettivo particolare con il defunto, al di là del simbolo di rango che i due "levrieri" dovevano senz'altro costituire [11]; ed il defunto (anch'esso di giovane età) è di rango veramente "principesco" (si pensi al corredo, alle panoplie di armi e soprattutto ai due carri), ciò che gli avrebbe permesso offerte più ampie, ma meno significative per lui dei suoi cani. Si aggiunga infine la positura in atteggiamento di protezione notato all'inizio di questo testo.

Al di là di quelli che possono apparire -per chi non abbia di suo stretti rapporti di dimestichezza con gli animali domestici, ed i cani in particolare- eccessivi moti di suggestione, resta il fatto che per ora, in area marchigiana (ma anche, per quanto noto a chi scrive, in quella etrusco-italica), non si conoscono sepolture con cani così strutturate, almeno al di fuori di tombe a camera, o comunque familiari.

APPENDICE

TABELLA BIOMETRICA DEL CANE DALLA TOMBA 182 DI CROCIFISSO-BOSCHETTO DI MATELICA[12].

Cranio – lunghezza totale (Akrokranion – Prosthion. mm.180
Cranio - lunghezza Akrokranion – Frontale medio mm. 100
Cranio – lunghezza Frontale – Prosthion mm. 110

Mandibola sx – lungh. max. condilo – infradentale mm. 150
Mandibola sx – lungh. max .processo angolare- infradentale mm.139.5
Mandibola sx - lungh. max. M3-P1 (alveoli) mm. 67
Molare inf. – lungh. max. mm12.7
Premolare inf. – lungh. max mm.18

Omero sx – lungh. max. mm..175
Radio / Ulna sx – lungh. max mm. 160
Femore sx – lungh. max. mm. 170
Tibia sx – lungh. max. mm.170
Tibia dx – lunghezza mm.170

Con questi dati biometrici, come si è detto, non esaustivi, applicando i fattori von Koudelka e Harcourt, si ottengono delle medie di altezza al garrese, rispettivamente tra i due criteri di calcolo, tra m.0.52.81 e m.0.56.46 , il che non muta, comunque, il senso e gli scopi del nostro contributo, precedentemente esposto.

NOTE

* Il presente contributo avrebbe dovuto trovare posto, nelle intenzioni di chi scrive, nel Catalogo *Potere e Splendore,* ma per ragioni personali di chi scrive, non ve ne è stato il tempo; si rimedia ora in questa sede, ringraziando i Curatori del Catalogo e della Mostra stessa, Mara Silvestrini e Tommaso Sabbatini, per la disponibilità relativa ai dati finora inediti, oltre che per suggerimenti e consigli rivolti a questo testo; planimetrie e rilievi sono di Samuele Grandoni. Un ringraziamento particolare, inoltre, va a Marusca Pasqualini, per l'insostituibile aiuto nella ricerca bibliografica.

[1] Vedi SABBATINI 2008 in *Potere e Splendore*, pp. 199 sgg.

[2] Vedi le ricche ed accurate bibliografie raccolte in *Attenti al cane* 2006 , notevole soprattutto per il breve ma pregnante profilo storico-letterario; inoltre SALARI-SARDELLA 2006, con dettagliato repertorio di casi dalla Preistoria all'arte romana, nonché GAMBARI-TECCHIATI 2004, pp. 231-241. Si deve doverosamente aggiungere la silloge, in un volume non specialistico, ma estremamente documentato per le fonti romane, in BREBER 1977, pp. 23-27. Vanno aggiunti a tali raccolte la sepoltura villanoviana di Sesto Fiorentino, su cui si tornerà in seguito, nonché una deposizione, forse di V secolo o poco prima, in una tomba a camera di Monteriggioni (cfr: BIANCHI BANDINELLI 1931, p. 15), purtroppo dispersa. Non sarà infine superflua una rivisitazione dell'ormai datata ma sempre valida voce *Canis,* di COUGNY, in DAREMBERG-SAGLIO, pp. 977-890.

[3] Cfr. BREBER 1977, pp. 23-27.

[4] Notevole anche la casistica citata in generale da CALOI-PALOMBO 1980, anche se forse eccessivi appaiono i ricorrenti confronti con la tipologie attuali (pp. 315 sgg.); è evidente comunque una propensione-con la quale concordiamo in pieno- per i tipi "levrieroidi". Tralasciamo di proposito in questa sede, i riferimenti ad altri tipi di rituali, che comportavano lo smembramento degli animali, così come di altre bestie, deposti in settori diversi dell'area delle necropoli o di gruppi di tombe.

[5] Cfr SALVINI *et al*., pp. 74 sgg. *e passim* (contributo specialistico per il cane di S. CENCETTI).

[6] Vedi SALARI-SARDELLA 2006, pp. 155-165.

[7] Cfr. CALOI-SARDELLA 1980, pp. 294.328.

[8] Cfr. AMOROSO et al., pp. 311-326.

[9] RIEDEL 1996, pp. 53-98. Al di là dell'epoca, sono di estremo interesse le considerazioni relative alle differenziazioni già in atto sia per cani che per cavalli, nelle interrelazioni con gli ambienti nordici e balcanici.

[10] Cfr. LANDOLFI 2001, pp. 350-351 e comunicazione del medesimo sulla base di uno studio di B. Wilkens , non reperita negli atti di questa Soprintendenza.

[11] Sarà da notare che, nella cronaca omerica citata in epigrafe, due soli sono i cani sacrificati (rispetto ad una muta dichiarata di nove animali, rispetto ai quattro cavalli.

[12] Questa parte si avvale della relazione CORRIDI 2006; come si è già accennato, i margini di definizione sono limitati dall'impossibilità di estrarre le ossa dallo "stacco", e si basano quindi, oltre all'esame autoptico, sull'ausilio dell'esame radiografico.

BIBLIOGRAFIA E ABBREVIAZIONI

Periodici e monografie principali di riferimento:

DAREMBERG – SAGLIO = CH. DAREMBERG – EDM. SAGLIO, *Dictionnaire des antiquités grecques et romaines*, Paris 1877-1919.
Eroi e Regine = AA.VV. *Eroi e Regine . Piceni Popolo d'Europa*, Roma 2001.
M. SILVESTRINI-T. SABBATINI, (a cura di), *Potere e splendore – Gli antichi Piceni a Matelica*, Torino 2008.
St. Etr: = *Studi Etruschi*

MONOGRAFIE E ARTICOLI

AMOROSO *et al.* 2005 = A. AMOROSO- J. DE GROSSI MAZZORIN – G. DI GENNARO, *Sepoltura di cane (IX-VIII sec. a. C.) nell'area permetrale dell'antica Fidenae* (Roma), in *Convegno Nazionale di Archeozoologia , Siracusa 3-5 novembre 2000* (Roma 2005).
Attenti al cane! 2006 = AA.VV., *Attenti al cane!. Storia e archeologia di un legame millenario* (Catalogo della mostra), Milano 2006.
BIANCHI BANDINELLI, *Materiali archeologici della Val d'Elsa e dei dintorni di Siena, "La Balzana"* 1929 (Siena 1931), pp. 1-49.
BREBER 1977 = P. BREBER, *Il cane da pastore abruzzese-maremmano*, Firenze 1977.
CALOI-PALOMBO 1980 = L. CALOI- M.R.PALOMBO, *Il cane domestico di Pyrgi, St. Etr.* 1980, pp. 294-328.
CORRIDI 2006 = C. CORRIDI, *Analisi preliminare dei resti rinvenuti nella Tomba in loc. Crocifisso-Boschetto (Matelica)* – Relazione agli Atti della Soprintendenza Archeologica per le Marche.
COUGNY in DAREMBER-SAGLIO = E. COUGNY, in DAREMBER-SAGLIO, vol. 4, s,v. *Canis*.
GAMBARI-TECCHIATI 2004, *Il cane ed il cavallo come indicatori di status nella preistoria e protostoria*, in AA. VV., *Guerrieri Principi ed Eroi fra il Danubio e il Po dalla Preistoria all'Alto Medioevo*, Trento 2004, pp. 231-241.
LANDOLFI 2001 = M. LANDOLFI, *La tomba della Regina nella necropoli picena di Sirolo- Numana*, in *Eroi e Regine*, Roma 2001 pp. 350 sgg.
PUGNETTI, *Guida ai cani del mondo*, Verona 1980 (con immagini di M. NAPOLI).
RIEDEL 1996 = A. RIEDEL, *Le inumazioni di animali della necropoli longobarda di Povegliano (VR)*, in *Annali del Museo Civico di Rovereto*, vol. 11, pp. 53-98.
SABBATINI 2008 = T. SABBATINI in *Potere e Splendore*, pp. 199 sgg. Planimetrie e rilievi di S. GRANDONI.
SALARI-SARDELLA 2006= L. SALARI- R. SARDELLA, *Il cane di Porta Pinelli a San Cipriano Piacentino (Salerno)*, in *Atti della società per la preistoria e protostoria della Regione Friuli-Venezia Giulia* XV-2004, Trieste 2006.
SALVINI *et al.* = M. SALVINI, *Le tombe villanoviane di Sesto Fiorentino. L'Età del Ferro nel territorio*, Pisa-Roma 2007.